BEI GRIN MACHT SICH IHR WISSEN BEZAHLT

AF135987

- Wir veröffentlichen Ihre Hausarbeit, Bachelor- und Masterarbeit

- Ihr eigenes eBook und Buch - weltweit in allen wichtigen Shops

- Verdienen Sie an jedem Verkauf

Jetzt bei www.GRIN.com hochladen und kostenlos publizieren

Bibliografische Information der Deutschen Nationalbibliothek:

Die Deutsche Bibliothek verzeichnet diese Publikation in der Deutschen National-
bibliografie; detaillierte bibliografische Daten sind im Internet über http://dnb.d-
nb.de/ abrufbar.

Impressum:

Copyright © 2019 GRIN Verlag
Druck und Bindung: Books on Demand GmbH, Norderstedt Germany
ISBN: 9783346136404

Dieses Buch bei GRIN:

https://www.grin.com/document/520008

Nathalie Wittmann

Trainingsplanung für ein Beweglichkeits- und Koordinationstraining. Verbesserung der Haltung, Linderung von Nackenschmerzen sowie von Beschwerden im Bereich der Lendenwirbelsäule

GRIN Verlag

GRIN - Your knowledge has value

Der GRIN Verlag publiziert seit 1998 wissenschaftliche Arbeiten von Studenten, Hochschullehrern und anderen Akademikern als eBook und gedrucktes Buch. Die Verlagswebsite www.grin.com ist die ideale Plattform zur Veröffentlichung von Hausarbeiten, Abschlussarbeiten, wissenschaftlichen Aufsätzen, Dissertationen und Fachbüchern.

Besuchen Sie uns im Internet:

http://www.grin.com/

http://www.facebook.com/grincom

http://www.twitter.com/grin_com

Deutsche Hochschule für

Prävention und Gesundheitsmanagement

Hermann Neuberger Sportschule 3

66123 Saarbrücken

Einsendeaufgabe

Fachmodul:	Trainingslehre III
Studiengang:	Sportökonomie
Datum Präsenzphase:	25.11.-27.11.2019
Name, Vorname:	Wittmann, Nathalie

Inhaltsverzeichnis

1 Personendaten

Um eine optimale Trainingsplanung für die Testperson durchführen zu können, werden zunächst durch eine ausführliche Diagnose die allgemeinen und biometrischen Daten sowie der allgemeine Gesundheitszustand der Testperson ermittelt und bewertet.

1.1 Allgemeine Daten der Testperson

Tab. 1: Darstellung der allgemeinen Daten der Testperson (eigene Darstellung)

Parameter	Daten	
Alter in Jahren	32	
Geschlecht	weiblich	
Körpergröße in cm	168	
Körpergewicht in Kg	70	
Trainingsmotive	Verbesserung der Haltung, Aufrechter Gang Linderung von Nackenschmerzen Linderung von Beschwerden im Bereich der Lendenwirbelsäule Rumpf- und Kniestabilität für das Fahrradfahren	
Berufliche Tätigkeit	Bürokauffrau, sitzende Tätigkeit	
	Daten	Leistungsstufe/ Trainingsumfang
Aktuelle sportliche Tätigkeit	Fahrradfahren	regelmäßig zwei bis drei Mal pro Woche für jeweils 60 Minuten
Frühere sportliche Tätigkeiten	Joggen	regelmäßig zwei Mal pro Woche für 30-60 Minuten, vor zwei Jahren aufgehört
Zeitlicher Verfügungsrahmen	Fünf Mal in der Woche für jeweils 30 Minuten	

1.2 Biometrische Daten der Testperson

Tab. 2: Darstellung der biometrischen Daten der Testperson (eigene Darstellung)

Biometrische Parameter	Normwert	Ist-Wert	Bewertung/Ergänzung
Blutdruck	<130/80 mmHg (vgl. Tab. 3)	143/96 mmHg	Hypertonie Stufe 1 (Systolisch: 140-159 mmHg, diastolisch: 9099 mmHg), d.h. Sportausübung ohne große Einschränkung möglich
Ruhepuls	60-80 S/min	63 S/min	liegt zwischen 60-80 Schlägen im normalen Bereich (Weineck, 2003, S. 50)
Körperfettanteil in %	25-32	34	die Testperson liegt im übergewichtigen Bereich
Allgemeiner Gesundheitszustand			
Orthopädische Probleme	keine		
Internistische Probleme	keine		
Ärztliche Behandlungen	keine		
Einnahme von Medikamenten	Blutdrucksenkende Tabletten ohne Beta-Blocker	Es ist ein normales Training mit der Testperson möglich, da der Blutdruck kontrolliert ist	
Sonstige gesundheitliche Einschränkungen	keine		

Tab. 3: Blutdruckklassifikation der American-Heart-Association (modifiziert nach Mancia et al., 2013, S. 1286)

Bewertungsstufen	Systolischer Blutdruck	Diastolischer Blutdruck
Normblutdruck (Normotonie)		
Optimal	Unter 120 mmHg	Unter 80 mmHg
Normal	Unter 130 mmHg	Unter 85 mmHg
Hochnormal	130-139 mmHg	85-89 mmHg
Bluthochdruck (arterielle Hypertonie)		
Stufe 1	140-159 mmHg	90-99 mmHg
Stufe 2	160-179 mmHg	100-109 mmHg
Stufe 3	>180 mmHg	> 110 mmHg

2 Beweglichkeitstestung

Um die Beweglichkeit der Testperson zu testen, wird ein vereinfachtes Modell des Muskelfunktionstest nach Janda (2000) herangezogen. Es werden die Brust-, die Hüftbeuge-, die Oberschenkel- sowie Wadenmuskulatur auf manuelle Muskelfunktion, Bewegungsausmaß und Kraftfähigkeit getestet.

Tab. 4: Beweglichkeitstestung M. pectoralis major (eigene Darstellung)

	Testbeschreibung	Bewertung
Testung der Brust-muskulatur (M. pectoralis major)	Ausgangsposition: Die Testperson liegt in Rückenlage auf einem Tisch, die Beine sind angewinkelt und die Füße haben Kontakt zum Boden oder einer Auflage. Fixierung: Das Becken wird durch die angewinkelten Beine fixiert. Die Lendenwirbelsäule wird durch Bauchspannung fixiert. Ausführung: Der Tester fixiert den Thorax mit leichtem Druck. Der zu testende Arm ist im Schultergelenk abduziert und außenrotiert und im Ellenbogengelenk ist ein 90 Grad Beugewinkel. Messbereich: Position des Oberarms zur Horizontalen	Stufe 0: Oberarm erreicht Horizontale Stufe 1: Oberarm erreicht Horizontale durch Druck des Testers Stufe 2: Oberarm erreicht Horizontale auch durch Druck des Testers nicht
Bewertung Testergebnis	Durch leichten Druck des Testers erreicht die Testperson die Horizontale, somit weist die Testperson leichte Beweglichkeitsdefizite des M. pectoralis major auf.	

Tab. 5: Beweglichkeitstestung M. iliopsoas (eigene Darstellung)

	Testbeschreibung	Bewertung
Testung M. iliopsoas	Ausgangsposition: Die Testperson liegt in Rückenlage auf einem Tisch. Das Gesäß liegt auf der Tischkante und die Beine sind im Überhang. Fixierung: Becken und Lendenwirbelsäule müssen fixiert bleiben Ausführung: Die Testperson zieht ein angewinkeltes Bein so nah wie möglich zum Körper heran. Während dessen beobachtet der Tester die Hüftflexion des freien Beines Messbereich: Position Oberschenkel im Verhältnis zum Hüftbeugewinkel	Stufe 0: Oberschenkel erreicht Horizontale Stufe 1: Oberschenkel erreicht Horizontale durch Druck des Testers Stufe 2: Oberschenkel erreicht Horizontale auch durch Druck des Testers nicht
Bewertung Testergebnis	Die Testperson erreicht mit dem Oberschenkel durch deutlichen Druck des Testers die Horizontale und wird somit zwischen Stufe 1 und 2 eingestuft. Die Testperson ist in der Bewegungsamplitude des M. iliopsoas eindeutig eingeschränkt.	

Tab. 6: Beweglichkeitstestung M. rectus femoris (eigene Darstellung)

	Testbeschreibung	Bewertung
Testung M. rectus femoris	Ausgangsposition: Die Testperson liegt in Rückenlage auf einem Tisch. Das Gesäß liegt auf der Tischkante und die Beine sind im Überhang Fixierung: Becken und Lendenwirbelsäule müssen fixiert bleiben. Die Beine müssen frei hängen. Ausführung: Die Testperson zieht ein angewinkeltes Bein so nah wie möglich zum Körper heran. Der Tester fixiert das andere Bein in einem maximal möglichen Hüftextensionswinkel. Danach wird das Bein vom Tester in einen maximal möglichen Hüftbeugewinkel geführt. Messbereich: Winkel zwischen Ober- und Unterschenkel	Stufe 0: Unterschenkel hängt senkrecht herab Stufe 1: Unterschenkel erreicht 90 Grad im Kniegelenk durch Druck des Testers Stufe 2: Unterschenkel erreicht 90 Grad im Kniegelenk auch durch Druck des Testers nicht
Bewertung Testergebnis	Durch einen leichten Druck des Testers erreicht die Testperson die zu erreichende Position, also Stufe 1. Somit sind leichte Beweglichkeitsdefizite des M. rectus femoris zu erkennen.	

Tab. 7: Beweglichkeitstestung Mm. ischiocuralis (eigene Darstellung)

	Testbeschreibung	Bewertung
Testung Mm. ischio-curales	Ausgangsposition: Die Testperson liegt in Rückenlage auf einem Tisch und das nicht getestete Bein bleibt im Hüft- und Kniegelenk gebeugt. Fixierung: Das Becken und die Lendenwirbelsäule sind fixiert. Das zu testende Bein bleibt gestreckt und das andere Bein bleibt angewinkelt. Die Patella bleibt bei der Fixierung frei. Ausführung: Der Tester führt das gestreckte Bein in die maximal mögliche Hüftflexion. Messbereich: Winkel von der Beinachse bis zur Longitudinalachse	Stufe 0: Hüftflexion im Ausmaß von 90 Grad möglich Stufe 1: Hüftflexion im Ausmaß zwischen 80-90 Grad möglich Stufe 2: Hüftflexion nur unter 80 Grad möglich
Bewertung Testergebnis	Die Testperson erreicht bei der Testung der Mm. ischiocurales die Stufe 2, was sich von der sitzenden Tätigkeit sowie der wenig vorhandenen sportlichen Aktivität ableiten lässt.	

Tab. 8: Beweglichkeitstestung Mm. triceps surae (eigene Darstellung)

	Testbeschreibung	Bewertung
Testung Mm. triceps surae	Ausgangsposition: Die Person befindet sich in Rückenlage. Das nicht zu fixierende Bein ist angewinkelt und mit dem Fuß auf der Liege. Fixierung: Das zu testende Bein wird vom Tester distal am Fersenbein und an der Fußaußenkante fixiert. Ausführung: Der Tester gibt Druck auf die Ferse und zieht distalwärts. Nun gibt der Daumen am äußeren Fußrand Druck zum Schienbein.	Stufe 0: Dorsalextension bis 0 Grad möglich Stufe 1: Dorsalextension möglich, 0 Grad wird nicht ganz erreicht Stufe 2: Dorsalextension nur bis 10 Grad unter 0 Grad-Stellung möglich
Bewertung Testergebnis	Die Testperson erreicht in der Beweglichkeitstestung der Mm. triceps surae auf beiden Seiten Stufe 1 und weist somit leichte Beweglichkeitsdefizite auf.	

3 Trainingsplanung Beweglichkeitstraining

Im Folgenden wird für die Testperson ein Dehnungsplan zur gezielten Beweglichkeitsverbesserung erstellt. Das Dehnen wird hier als eigenständiger Bestandteil des Trainings gesehen. Im Beweglichkeitsplan werden überwiegend die Nacken-, Brust-, Hüftbeuge-, Kniebeuge- und Kniestreckmuskulatur gedehnt, da die Testperson durch die dauerhaft sitzenden Alltagsbelastungen funktionelle anatomische Gegebenheiten aufweist.

Tab. 9: Dehnung M. trapezius (eigene Darstellung)

Zu dehnende Muskulatur	Beschreibung	Dehnmethode	Belastungsgefüge
Nackenmuskulatur (M. trapezius)	Die Testperson befindet sich im Stand. Der Schulter-Ohrabstand wird auf der zu dehnenden Seite maximal lang gemacht, danach neigt sich der Kopf langsam in die entgegengesetzte Richtung, bis eine maximale Dehnung entsteht, die nicht zu dehnende Schulter bleibt fixiert	aktiv, unilateral statisch	Serienzahl: 4 Dehndauer: 45 Sekunden Trainingshäufigkeit: 3 Mal pro Woche
Begründung der Dehnübung	Da die Testperson über Verspannungen im Nacken und über Nackenschmerzen berichtet hat, ist die Dehnung des M. trapezius wichtiger Bestandteil im Beweglichkeitsplan. Nackenschmerzen werden durch ein regelmäßiges Dehnen der Nackenmuskulatur gelindert (Häkkinen et al. 2007). Um einen maximalen Dehneffekt zu erlangen wird diese Dehnübung statisch durchgeführt.		

Tab. 10: Dehnung M. pectoralis major (eigene Darstellung)

Zu dehnende Muskulatur	Beschreibung	Dehnmethode	Belastungsgefüge
Brustmuskulatur (M. pectoralis major und M. pectoralis minor)	Die Testperson befindet sich im Stand. Die Arme sind im Ellenbogengelenk leicht angewinkelt und befinden sich auf Schulterhöhe. Nun werden die Arme weit nach außen in Richtung Rücken gezogen, bis das Maximale Belastungsgefüge erreicht ist	aktiv, bilateral dynamisch	Serienzahl: 4 Dehndauer: 45 Sekunden Trainingshäufigkeit: 3 Mal pro Woche
Begründung der Dehnübung	Da die Testperson durch ihre sitzende Tätigkeit häufig einen Rundrücken macht, wird besonders die Brustmuskulatur in ihrer Beweglichkeit vernachlässigt. Auch im Beweglichkeitstest hat der M. pectoralis major leichte Beweglichkeitsdefizite aufgezeigt. Deswegen ist es für die Testperson besonders wichtig, die Brustmuskulatur regelmäßig zu dehnen. Dadurch, dass der Testperson die Bewegung der Übung schwerfällt, wird zunächst aktiv dynamisch gedehnt.		

Tab. 11: Dehnung M.infraspinatus, M. supraspinatus, M. supscapularis, M. teres minor (eigene Darstellung)

Zu dehnende Muskulatur	Beschreibung	Dehnmethode	Belastungsgefüge
M. infraspinatus, M. supraspinatus, M. supscapularis, M. teres minor	Die Testperson befindet sich im Stand. Ein Arm ist 90 Grad nach vorne gestreckt und das Ellenbogengelenk ist zu 90 Grad gebeugt. Die andere Hand drückt den angewinkelten Arm in Richtung entgegengesetzte Schulter, bis eine deutliche Dehnung spürbar ist	passiv, unilateral statisch	Serienzahl: 4 Dehndauer: 45 Sekunden Trainingshäufigkeit: 3 Mal pro Woche
Begründung der Dehnübung	Durch die sitzende Tätigkeit und die nachvorne gezogene Schulter, wird auch die Rotatorenmanschette viel zu wenig bewegt. Um die Beweglichkeit wieder zu erlangen, ist diese Übung im Beweglichkeitsplan enthalten.		

Tab. 12: Dehnung M. latissimus dorsi (eigene Darstellung)

Zu dehnende Muskulatur	Beschreibung	Dehnmethode	Belastungsgefüge
M. latissimus dorsi	Die Ausgangsposition ist der Vierfüßlerstand. Das Becken wird nun langsam in Richtung Fersen geschoben bis die Oberschenkel auf den Unterschenkeln liegen. Die Hände werden so weit wie möglich nach vorne geschoben und der Oberkörper wird zum Boden gesenkt	aktiv, bilateral dynamisch	Serienzahl: 4 Dehndauer: 45 Sekunden Trainingshäufigkeit: 3 Mal pro Woche
Begründung der Dehnübung	Da die Testperson über Rückenschmerzen im LWS-Bereich berichtet, ist die Beweglichkeit und Mobilisation im gesamten Rücken, inklusive dem M. latissimus dorsi, wichtig.		

Tab. 13: Dehnung M. quadriceps femoris (eigene Darstellung)

Zu dehnende Muskulatur	Beschreibung	Dehmethode	Belastungsgefüge
M. quadriceps Femoris (M. rectus femoris, M. vastus intermedius, M. vastus medialis, M. vastus lateralis)	Die Person steht im stabilen Stand und hat eine physiologisch fixierte Wirbelsäule, der Bauch und das Gesäß sind angespannt. Danach wird das zu dehnende Bein gegriffen und zum Gesäß gezogen, das Standbein ist leicht gebeugt	passiv, unilateral statisch	Serienzahl: 4 Dehndauer: 45 Sekunden Trainingshäufigkeit: 3 Mal pro Woche
Begründung der Dehnübung	Die Vorder- und Rückseite des Körpers sollte gleichmäßig gedehnt werden. Deswegen wird auch die Oberschenkelvorderseite gedehnt, um den Körper in einem geraden Lot zu halten.		

Tab. 14: Dehnung M. iliopsoas (eigene Darstellung)

Zu dehnende Muskulatur	Beschreibung	Dehmethode	Belastungsgefüge
M. iliopsoas	Ein weiter Ausfallschritt und danach das hintere Knie auf den Boden absetzen, dabei wird der Oberkörper aufrecht gehalten und das vordere Knie wird über 90 Grad gehalten. Nun wird die Hüfte nach vorne geschoben, bis eine Dehnung im Hüftbereich spürbar ist.	aktiv, unilateral postisometrisch[1]	Serienzahl: 4 Dauer: 60 Sekunden Trainingshäufigkeit: 3 Mal pro Woche
Begründung der Dehnübung	Im Testergebnis hat der M. iliopsoas deutliche Beweglichkeitsdefizite aufgezeigt, deswegen ist es wichtig diesen Muskel in den Beweglichkeitsplan zu integrieren. Auch kann ein gut gedehnter Iliopsoas Schmerzen im Rücken lindern (Malai et al. 2015), die bei der Testperson vorliegen.		

Tab. 15: Dehnung M. gluteaus medius, M. gluteus minimus (eigene Darstellung)

Zu dehnende Muskulatur	Beschreibung	Dehmethode	Belastungsgefüge
M. gluteus medius, M. gluteus minimus	Die Person befindet sich in Seitlage auf dem Boden. Das obere Bein ist angewinkelt und wird vor das untere Bein gelegt, sodass das Knie den Boden berührt.	aktiv, unilateral statisch	Serienzahl: 4 Dehndauer: 45 Sekunden Trainingshäufigkeit: 3 Mal pro Woche
Begründung der Dehnübung	Auch die Gesäßmuskulatur wird bei der Testperson durch ein ständiges Sitzen wenig bewegt, weshalb diese Übung ebenfalls im Trainingsplan enthalten ist.		

---

[1] Zunächst wird eine leichte Dehnposition eingenommen und die zu dehnende Muskulatur wird für sechs bis zehn Sekunden isometrisch kontrahiert. Danach wird die Muskulatur für zwei bis drei Sekunden entspannt. Nun wird für 10 bis 20 Sekunden ein deutlicher Dehnreiz, entweder aktiv oder passiv, statisch gehalten

Tab. 16: Dehnung Mm. ischiocurales (eigene Darstellung)

Zu dehnende Muskulatur	Beschreibung	Dehnmethode	Belastungsgefüge
Mm. ischiocurales (M. biceps femoris, M. semimembranosus, M. semitendinosus)	Die Testperson hat einen stabilen Stand und eine physiologische fixierte Lordose. Die Kontrollhände sind an der LWS, das vordere Bein wird gestreckt auf eine leichte Erhöhung gestellt und das Becken wird jetzt nach hinten unten geschoben bis eine maximale Dehnung entsteht.	passiv, unilateral postisometrisch	Serienzahl: 4 Dauer: 60 Sekunden Trainingshäufigkeit: 3 Mal pro Woche
Begründung der Dehnübung	Die ischiocurale Muskulatur hat im Beweglichkeitstest mit Stufe 2 besonders schlecht abgeschnitten und muss deswegen regelmäßig gedehnt werden, um in einem geraden Körperlot zu sein.		

Tab. 17: Dehnung M. soleus (eigene Darstellung)

Zu dehnende Muskulatur	Beschreibung	Dehnmethode	Belastungsgefüge
M. soleus	Startposition ist im leichten Ausfallschritt, die Füße zeigen nach vorne und das hintere Bein ist gebeugt. Nun wird das Becken Richtung Boden geführt, die Fußspitze des zu dehnenden Beines sind angewinkelt.	passiv, unilateral statisch	Serienzahl: 4 Dehndauer: 45 Sekunden Trainingshäufigkeit: 3 Mal pro Woche
Begründung der Dehnübung	Da der M. triceps surae im Beweglichkeitstest leichte Bewegungsdefizite aufgewiesen hat, ist die Dehnung dieser Muskulatur für die Testperson wichtig.		

Tab. 18: Dehnung M. gastrocnemius (eigene Darstellung)

Zu dehnende Muskulatur	Beschreibung	Dehnmethode	Belastungsgefüge
M. gastrocnemius	Startposition ist der Ausfallschritt. Mit den Händen wird sich an einer Wand vorne fixiert, die Fußspitzen zeigen nach vorne, das vordere Bein ist gebeugt und das hintere Bein ist gestreckt. Nun wird das Becken nach vorne geschoben und die Fersen bleiben dabei am Boden.	Passiv, unilateral dynamisch	Serienzahl: 4 Dehndauer: 45 Sekunden Trainingshäufigkeit: 3 Mal pro Woche
Begründung der Dehnübung	Da die Wadenmuskulatur im Beweglichkeitstest leichte Bewegungsdefizite aufgewiesen hat, ist die Dehnung dieser Muskulatur für die Testperson wichtig. Auch die Wadenmuskulatur wird aufgrund der sitzenden Tätigkeit zu wenig bewegt.		

4 Trainingsplanung Koordinationstraining

Das Koordinationstraining nach dem Trainingsmotiv der Testperson konzipiert. Der Fokus liegt überwiegend auf dem Gleichgewicht und der hiermit verbundenen Rumpf- sowie Kniestabilität, die der Testperson für das Fahrradfahren und den Alltag besonders wichtig ist. Auch auf den Ausgleich zu ihrer sitzenden Alltagsbelastung liegt die Testperson wert, weshalb alle Übungen im Stehen durchgeführt werden. Der Koordinationsplan wird von der Testperson zwei Mal pro Woche durchgeführt.

Tab. 19: Schlussstand auf dem Boden mit geschlossenen Augen (eigene Darstellung)

Übung	Beschreibung	Belastungsgefüge
Schlussstand auf dem Boden mit geschlossenen Augen	Die Person setzt im Stand ein Bein hinter das andere Bein, sodass das hintere das vordere Bein mit der Fußspitze berührt. Die Person schließt die Augen und versucht so ruhig und stabil wie möglich zu stehen.	Sätze: 3 beidseitig Dauer: 30 Sekunden Pause: 15 Sekunden

Tab. 20: Beidbeiniger Stand auf dem Balance Pad mit Ball fangen (eigene Darstellung)

Übung	Beschreibung	Belastungsgefüge
Beidbeiniger Stand auf dem Balance Pad mit Ball fangen	Die Person steht auf dem Balance Pad und bekommt in unregelmäßigen Abständen den Ball von dem Trainer auf unterschiedliche Positionen zugeworfen.	Sätze: 3 20 Wiederholungen (20 Pässe des Trainers) Pause: 15 Sekunden

Tab. 21: Einbeinstand mit Ball halten und Seitenwechsel über Kopf (eigene Darstellung)

Übung	Beschreibung	Belastungsgefüge
Einbeinstand mit Ball halten und Seitenwechsel über Kopf	Die Person steht im stabilen Einbeinstand und die Arme sind im 90 Grad Winkel abduziert. In der einen Hand hält die Person einen Ball, der nach 10 Sekunden über Kopf in die andere Hand übergeben wird.	Sätze: 3 Dauer: 6 Wiederholungen á 5 Sekunden Pause: 15 Sekunden

Tab. 22: Ball gegen die Wand (eigene Darstellung)

Übung	Beschreibung	Belastungsgefüge
Ball gegen die Wand	Die Person steht 3 Meter entfernt einer Wand zugewandt. Der Trainer befindet sich hinter der Person und wirft nun Bälle mit unterschiedlicher Größe und unterschiedlichem Gewicht gegen die Wand. Die Testperson versucht diese Bälle zu fangen	Sätze: 3 Dauer: 45 Sekunden Pause 15 Sekunden

Tab. 23: Einbeinstand mit Ball prellen (eigene Darstellung)

Übung	Beschreibung	Belastungsgefüge
Einbeinstand mit Ballprellen	Die Person steht im stabilen Einbeinstand und versucht einen Ball in einem vorgegebenen Feld von 30x30 cm zu prellen.	Sätze: 3 beidseitig Dauer: 30 Sekunden Pause: 15 Sekunden

Tab. 24: Beidbeiniger Stand auf dem Balance Pad mit Werfen von 2 Tischtennisbällen (eigene Darstellung)

Übung	Beschreibung	Belastungsgefüge
Beidbeiniger Stand auf dem Balance Pad mit Werfen von 2 Tischtennisbällen	Die Person steht auf einem Balance Pad. Gleichzeitig wirft die Person mit beiden Händen einen Tennisball und versucht diese mit jeweils einer Hand wieder zu fangen.	Sätze: 3 Dauer: 15 Wiederholungen Pause: 15 Sekunden

Tab. 25: Unterarmstütz auf dem Pezziball (eigene Darstellung)

Übung	Beschreibung	Belastungsgefüge
Unterarmstütz auf dem Pezziball	Die Person ist im Kniestand und legt dann die Unterarme auf den Pezziball. Wenn die Person stabil ist, werden die Knie vom Boden angehoben und die Position wird für 30 Sekunden gehalten.	Sätze: 3 Dauer: 30 Sekunden Pause: 15 Sekunden

Tab. 26: Kniestand auf dem Pezziball (eigene Darstellung)

Übung	Beschreibung	Belastungsgefüge
Kniestand auf dem Pezziball	Die Person kniet auf einem Pezziball, dabei bleibt der Oberkörper aufrecht und der Bauch und Po sind angespannt.	Sätze: 3 Dauer: 45 Sekunden Pause: 15 Sekunden

Tab 27: Einbeiniger Stand auf dem Boden mit Schwingen des Spielbeins und gegenläufigem Schwingen der Arme (eigene Darstellung)

Übung	Beschreibung	Belastungsgefüge
Einbeiniger Stand auf dem Boden mit Schwingen des Spielbeins und gegenläufigem Schwingen der Arme	Die Person steht auf einem Bein, das andere Bein ist angewinkelt und leicht angehoben. Sobald die Person stabil steht, wird das Spielbein vorwärts und rückwärts geschwungen. Der gegenüberliegende Arm schwingt dabei gegenläufig mit.	Sätze: 3 beidseitig Dauer: 45 Sekunden Pause: 15 Sekunden

Tab. 28: Einbeinstand mit Verlagerung des Spielbeins und des Oberkörpers in die Horizontale (eigene Darstellung)

Übung	Beschreibung	Belastungsgefüge
Einbeinstand mit Verlagerung des Spielbeins und des Oberkörpers in die Horizontale	Die Ausgangsposition ist ein stabiler Einbeinstand. Die Person führt das Spielbein nach hinten, bis das Spielbein und der Oberkörper sich in der Horizontalen, einer sogenannten Standwaage befinden.	Sätze: 3 beidseitig Dauer: 5 Wiederholungen á 10 Sekunden Pause: 15 Sekunden

4.1 Begründung Koordinationsplan

Der Koordinationsplan setzt sich zum einen aus den Trainingsmotiven der Testperson, zum anderen aus den Komponenten Gleichgewicht, Propriozeption und Reaktion zusammen. Das Trainingsmotiv der Testperson, Rumpf- und Kniestabilität für das Fahrradfahren zu erlangen, wird mit dem Erlenen des Gleichgewichtes in den meisten Übungen kombiniert. Durch die labilen Unterlagen wird die Komponente Gleichgewicht, welche auch für den Alltag der Testperson wichtig ist, ideal in das Koordinationstraining integriert. Bei den Koordinationsübungen mit dem Ball liegt der Fokus überwiegend auf der Reaktionsschnelligkeit sowie der Propriozeption der Testperson. Des Weiteren wird durch das Koordinationstraining eine Rekrutierung der Muskulatur erlangt.

5 Literaturrecherche

Im Folgenden werden zwei verschiedene Studien zu dem Thema „Effekte des Dehnens auf die Muskellänge" aufgezeigt.

Tab. 29: Studie 1 „Effekte des Dehnens auf die Muskellänge" (eigene Darstellung) (Rosa et al. 2017)

Autor	Rosa, Dayana P.; Borstad, John D.; Pogetti, Lívia S.; Camargo, Paula R.
Erscheinungsjahr	2017
Forschungsfrage	Auswirkungen eines Dehnungsprotokolls für den M. pectoralis minor auf die Muskellänge, -funktion und -kinematik bei Personen mit und ohne Schulterschmerzen.
Versuchspersonen	Die Versuchspersonen bestanden aus einer Stichprobe von 25 Personen mit Schulterschmerzen und 25 gesunden Personen mit M. pectoralis major Enge.
Versuchsaufbau	Die Versuchspersonen führten für sechs Wochen ein tägliches Dehnungsprotokoll durch. Zur den Ergebnismaßnahmen gehörten ein Fragebogen zu Behinderungen von Schulter, Armen und Hand, M. pectoralis major Länge und skapulärer Kinematik.
Ergebnisse	Die Behinderungen der Werte für Arm, Schulter und Hand nahmen in der Patientengruppe nach der Intervention ab (P < .05). Es wurden keine Unterschiede (P > .05) für die PM-Länge in beiden Gruppen gefunden. Die Neigung der Schulterfrontzähne nahm bei 90° Flexion in der gesunden Gruppe zu (P < .05).
Fazit	Das M. pectoralis major Dehnungsprotokoll änderte weder die M. pectoralis major Länge noch die skapulierte Kinematik bei Patienten mit oder ohne Schulterschmerzen. Allerdings verbesserten sich die Schmerzen und die Funktion der oberen Gliedmaßen bei Patienten mit Schulterschmerzen.

Tab. 30: Studie 2 „Effekte des Dehnens auf die Muskellänge" (eigene Darstellung) (Theis et al. 2013)

Autor	Theis, Nicola; Korff, Thomas; Kairon, Harvey; Mohagheghi, Amir A.
Erscheinungsjahr	2013
Forschungsfrage	Erhöht eine akute passive Dehnung die Muskelmasse bei Kindern mit Zerebralparese?
Versuchspersonen	Acht Kinder zwischen 6 und 14 Jahren mit zerebraler Lähmung
Versuchsaufbau	Die Versuchspersonen erhielten eine passive Dorsalflexionsdehnung für 5 × 20 s auf jedes Bein, die von einem Physiotherapeuten oder den Kindern selbst angelegt wurde. Maximaler Dorsalflexionswinkel, mediale Gastrocnemiusmuskel- und Faszikellängen sowie Achillessehnenlänge wurden bei einem Bezugswinkel von 10 ° Plantarflexion und bei maximaler Dorsalflexion in den Vor- und Nachdehnungsversuchen berechnet.
Ergebnisse	Alle Variablen waren während der Vor- und Nachdehnungsversuche signifikant größer als der Ruhewinkel und waren unabhängig von der Stretchtechnik. Es gab eine ungefähre 10 ° Zunahme der maximalen Dorsalflexion nach der Dehnung, und dies wurde durch die Dehnung des Muskels (0,8 cm) und der Sehne (1,0 cm) erklärt. Die Länge der Muskelfaszikel nahm von der Vor- bis zur Nachdehnung deutlich zu (0,6 cm).
Fazit	Die Ergebnisse liefern den Beweis, dass häufig verwendete Stretching-Techniken den Gesamtmuskel erhöhen können, und Faszikellängen unmittelbar nach der Streckung bei Kindern mit Cerebralparese deutlich zunehmen können.

6   Literaturverzeichnis

Häkkinen, Arja; Salo, Petri; Tarvainen, Ulla; Wirén, Kaija; Ylinen, Jari (2007): Effect of manual therapy and stretching on neck muscle strength and mobility in chronic neck pain. In: *Journal of rehabilitation medicine* 39 (7), S. 575–579. DOI: 10.2340/16501977-0094.

Janda, V. (Hg.) (2000): Manuelle Muskelfunktionsdiagnostik. 4., überarb. und erw. Aufl. München: Elsevier Urban & Fischer.

Malai, Suthichan; Pichaiyongwongdee, Sopa; Sakulsriprasert, Prasert (2015): Immediate Effect of Hold-Relax Stretching of Iliopsoas Muscle on Transversus Abdominis Muscle Activation in Chronic Non-Specific Low Back Pain with Lumbar Hyperlordosis. In: *Journal of the Medical Association of Thailand = Chotmaihet thangphaet* 98 Suppl 5, S6-11.

Mancia, G., Fagard, R., Narkiewicz, K., Redon, J., Zanchetti, A., Böhm, M. et al. (2013). 2013 ESH/ESC Guidelines for the management of arterial hypertension. The task force for the management of arterial hypertension of the European Society of Hypertension (ESH) and of the European Society of Cardiology (ESC). Journal of hypertension, 31 (7), 1281-1357.

Rosa, Dayana P.; Borstad, John D.; Pogetti, Lívia S.; Camargo, Paula R. (2017): Effects of a stretching protocol for the pectoralis minor on muscle length, function, and scapular kinematics in individuals with and without shoulder pain. In: *Journal of hand therapy : official journal of the American Society of Hand Therapists* 30 (1), S. 20–29. DOI: 10.1016/j.jht.2016.06.006.

Theis, Nicola; Korff, Thomas; Kairon, Harvey; Mohagheghi, Amir A. (2013): Does acute passive stretching increase muscle length in children with cerebral palsy? In: *Clinical biomechanics (Bristol, Avon)* 28 (9-10), S. 1061–1067. DOI: 10.1016/j.clinbiomech.2013.10.001.

Weineck, J. (2003). Ausdauertraining. Trainingssteuerung über die Herzfrequenz- und Milchsäurebestimmung. Balingen: Spitta.

7   Tabellenverzeichnis

BEI GRIN MACHT SICH IHR WISSEN BEZAHLT

- Wir veröffentlichen Ihre Hausarbeit,
  Bachelor- und Masterarbeit

- Ihr eigenes eBook und Buch -
  weltweit in allen wichtigen Shops

- Verdienen Sie an jedem Verkauf

Jetzt bei www.GRIN.com hochladen
und kostenlos publizieren